Berthi Fahr · Mein Haus sei dieser Tag

Berthi Fahr

Mein Haus sei dieser Tag

AUGUST VON GOETHE LITERATURVERLAG

IM GROSSEN HIRSCHGRABEN ZU FRANKFURT A/M

*Das Programm des Verlages widmet sich
– in Erinnerung an die
Zusammenarbeit Heinrich Heines
und Annette von Droste-Hülshoffs
mit der Herausgeberin Elise von Hohenhausen –
der Literatur neuer Autoren.
Das Lektorat nimmt daher Manuskripte an,
um deren Einsendung das gebildete Publikum
gebeten wird.*

©2009 FRANKFURTER LITERATURVERLAG FRANKFURT AM MAIN
Ein Unternehmen der Holding
FRANKFURTER VERLAGSGRUPPE
AKTIENGESELLSCHAFT AUGUST VON GOETHE
In der Straße des Goethehauses/Großer Hirschgraben 15
D-60311 Frankfurt a/M
Tel. 069-40-894-0 ✻ Fax 069-40-894-194
email: lektorat@frankfurter-literaturverlag.de

Medien und Buchverlage
DR. VON HÄNSEL-HOHENHAUSEN
seit 1987

Websites der Verlagshäuser der Frankfurter Verlagsgruppe:

www.frankfurter-verlagsgruppe.de
www.frankfurter-literaturverlag.de
www.frankfurter-taschenbuchverlag.de
www.august-goethe-literaturverlag.de
www.fouqué-literaturverlag.de
www.weimarer-schiller-presse.de
www.deutsche-hochschulschriften.de
www.deutsche-bibliothek-der-wissenschaften.de
www.haensel-hohenhausen.de

Bibliografische Information der Deutschen Nationalbibliothek
Die Deutsche Nationalbibliothek verzeichnet diese Publikation in der Deutschen
Nationalbibliografie; detaillierte bibliografische Daten sind im Internet
über http://dnb.ddb.de abrufbar.

Satz und Lektorat: Katharina Zwing
Illustrator: Prof. Hans Rössner
Scherenschnitt: Berthi Fahr

ISBN 978-3-8372-0433-9

Die Autoren des Verlags unterstützen das Albert-Schweitzer-Kinderdorf in Hessen e.V.,
das verlassenen Kindern ein Zuhause gibt.
Wenn Sie sich als Leser an dieser Förderung beteiligen möchten, überweisen Sie bitte
einen – auch gern geringen – Beitrag an die Sparkasse Hanau, Kto. 19380, BLZ 506 500 23,
mit dem Stichwort „Literatur verbindet". Die Autoren und der Verlag danken Ihnen dafür!

Dieses Werk und alle seine Teile sind urheberrechtlich geschützt.
Nachdruck, Speicherung, Sendung und Vervielfältigung in jeder Form, insbesondere Kopieren,
Digitalisieren, Smoothing, Komprimieren, Konvertierung in andere Formate, Farbverfremdung
sowie Bearbeitung und Übertragung des Werkes oder von Teilen desselben in andere Medien und Speicher
sind ohne vorgehende schriftliche Zustimmung des Verlags unzulässig und werden auch strafrechtlich verfolgt.

Gedruckt auf säurefreiem, alterungsbeständigen Papier,
hergestellt aus chlorfrei gebleichten Zellstoff (TcF-Norm)

Printed in Germany

Dank an meine beiden Kinder Yvonne und Daniel, die schwere Zeiten mit mir zusammen durchtrugen.

In memoriam tiefer Dank meinem Arzt Dr. Bernhard Lauinger, der im Dezember 2008 verstarb und an Peter Lossen, der mir den Mut gab, diese Gedichte zu veröffentlichen.

Vorwort

Nicht an die Sinneswelt gefesselt schweben die Gedankenschiffe in Raum und Zeit in den verdichteten Wortniederschriften von Berthi Fahr.
Erlebnisfrömmigkeit und Weisheit im Wahrnehmen des Verborgenen weht uns entgegen, wenn wir uns zu Hörenden machen ihrer wahrgewichtigen, musikalisch webenden Wortstimme.

Wir werden herausgehoben aus unseren so diesseitigen Tagesnöten und Stimmungen und betreten eine aus der Verborgenheit gelöste Seelenlandschaft, die uns seltsam bekannt anweht, wenn wir tief genug einzutauchen vermögen in die Fülle der Eingebungen aus dem reichen Geschenk eines vom Geiste berührten ~~reichen Geschenktes einer~~ Augenblickes.

Die Seele wird mitschwingend, auch in Erfahrungen einer Melancholie, die in Schwermut überzugehen droht – dann aber abrupt sprachlos endet.

Berthi Fahr lässt uns teilnehmen am Tagebuch ihrer Empfindungen und Gedanken, auch wenn es ein „Gruss an den Widersacher" ist, werden wir berührt. Beschenkt dürfen wir uns fühlen, wenn sie ausruht:

> ... Brecher
> schlagen über mein Boot
> Meer über und
> unter mir —
> aber der Himmel in mir
> Liebe, mein Boot —
> so treib ich dahin
> jetzt in der Stille
> und schaue aus
> nach einem Hafen
> um für den Augenblick
> die Weite des Meeres
> zu vergessen
> und den Himmel
> über mir.

Oder aus:
„Mein Wolkenpferd"
> „... zwischen Wolken
> zerknittert der Mond
> unseres Nachthimmels,
> der sich zögernd
> zur Scheibe
> entfaltet
> Mein Wolkenpferd
> hat auch ihn
> mit den Hufen
> berührt.

Lassen wir uns gefangen nehmen von Berthi Fahr's grosser Frömmigkeit dem Leben gegenüber und ihrer unausschöpflichen Liebe in allem und zu allem.

Manfred Welzel

Frage

Gegen den Sturm zu fliegen
sich im Fallen fangen
zur Sonne emporzusteigen –
das ist die Freiheit
der Möwe
die mit ihren Flügeln
die Wellen des Meeres streift.
Zu gleiten
zu schweben
ist ihre Sehnsucht –
zu leben!
Und nicht gefangen sein
in Käfigen
hinter Mauern.

Ist der Mensch
feige oder mutlos,
daß er
seiner Natur
nicht folgt?

1976

Melancholie des Augenblicks

Schwer und grau
hängt der Himmel
über mir.
Herbst
der Winter naht
Weiß
durchbricht
dies Dunkel
schwer
ein Flügelschlag.

Wilde Schneegänse!

Ich weiß
sie kehren zurück
wenn im Norden
die Sonne
den Tag erwärmt!
Ein Hauch
Traurigkeit bleibt –
wann
wird
dies sein?

1976

Seelenvogel

Der gefangene Vogel
empfindet
das Gefühl von Freiheit
nicht! –
Er fliegt.
Dennoch,
seine Flügel
stoßen immer wieder
an unsichtbare Grenzen!
Aber –
sie sind nicht da...

Ist es so,
daß ein Mensch
nicht lieben kann,
wenn seine Kindheit
ohne Sonne war?

Flieg
kleiner Vogel flieg !
Siehst du nicht
den Käfig offen?

Ach,
gefangen geboren
erträgst du
die Spannung
des Freiseins
nicht.
Dein Leben
ist Angst!

1976

Aufbruch

Dort in verborg`nen Ecken
Seh` ich ein Kind, das weint.
Dort, hinter dunklen Hecken,
wo keine Sonne scheint.

Sein bunter Luftballon
ist ihm davongeflogen!
Ach Kind, was macht das schon –
fühl dich doch nicht betrogen!

Den Luftballon laß` ziehen!
Wir gehen in ein Land,
wo bunte Blumen blühen.
Wir gehen Hand in Hand...

wo weich und warm der Sand
auf unsrem Wege liegt –
wo weit sich Wiesen ziehen
und hoch die Lerche fliegt...

Wir sehen sanfte Hügel.
Das Pferd kennt keine Zügel.
Hier haben Kinder
Flügel –
in unserm Land...

31. 12. 1976

Ein starker Baum
beugt sich
im Sturm
tief –
aber er zerbricht
nicht!
Der tote
zersplittert –
der kranke
fällt...

Herbstweg

Blätter im Wind –
der Sturm reißt sie mit!
Sie folgen seiner Reise.
Auf seine Weise
schickt er sie Dir –
meine Gedanken...

Blätter im Wind –
sie tanzen und kreisen,
begleiten Dich.
Hörst du sie wispern,
kichern und flüstern?
-
Ich hab Dich lieb

November 1976

Regen

Regentropfen
klopfen
an mein Fenster.
Glucksen
drucksen
singen
klingen
in den Rinnen
eilen
zu den Bächen
zu den Flüssen
müssen
zum Meer!

Deine Lampe

Kleine Lampe –
du wartest
auf mich!
Dein weiches Licht
ist da...
zerspringt
an der Wand...

Föhnfetzengleich
flieht es
ins Nichts!

Goldkörnchengefunkel!
Sanftes Rund!
Kugel,
auf gesprungenem Fuß.

Wovor fliehst du,
weiches Licht?

Früher Morgen

Dunkel
Stille
Scheu
erklingt das Lied
des Vogels –
der erste
in diesem Jahr?
Weiches Grau
erhebt sich
läßt ahnen
der Frühling kommt!

Stilles Erwachen –
ich liege da
und lausche...

6. 3. 1977

Worte I

Worte –
wie Hagelkörner
vernichten
die keimende Saat.

Worte –
entzünden
die Steppe
zu rasender Glut.

Worte –
lassen
ein reifendes Kornfeld
wogen im Wind...

Worte
fallen
wie Tau
auf
dürres Land.

Worte
lassen
Verborgenes keimen,
wachsen zum Licht.

Schweigen
öffnet
die Weite,
sonnendurchtränkte....

Stille
verzaubert
den Augenblick,
in dem sich
die Schönheit
der Blüte offenbart.

28. 3. 1977

Wo ist Glück?

Du
hast gesagt,
ich solle glücklich sein...
Wo ist es –
das Glück?

Liegt es
in der Schönheit
der Schneeflocke,
die auf der warmen Hand
zerschmilzt?

Im wärmenden Strahl
der Sonne,
der die Kälte
vergangener Tage
vergessen läßt?

Liegt es im Augenblick,
in dem
sich die Knospe
zur Blüte
entfaltet?

Hat es
der Wind,
der sanft im Sommer
mein Haar zerzaust?

Ist es
das Körnchen
am Strand,
das goldglitzernd
funkelt –

oder liegt es
im Rauschen des Meeres,
das alle Gedanken
auslöscht?

Ist es in uns,
wenn wir
ineinanderfließen
und ein Augenblick
Alles
vergessen läßt?

28. 3. 1977

In jener Nacht

In der Nacht,
als der warme Wind
des Südens
über uns hereinbrach,
legtest Du
schützend
Deinen Arm um mich.

In der Nacht,
als der kalte Regen
unbarmherzig
in die Bäume fiel,
hieltest Du
schützend
Deine Hände
über die Blüten.

In der Nacht,
als Wind und Regen
die Blumen des Frühlings
bedrohten,
decktest Du
schützend sie zu –
mit Deinem Körper.

In der Nacht,
als Du müde wurdest,
baute ich eine Hütte
mitten
in meinem Garten –
um Dich zu schützen.

In der Nacht,
als Dein Atem
leise
meine Wange streifte,
umschlang ich Dich,
um über Deinem Schlaf
zu wachen.

In der Nacht,
als Wind und Regen
tobten,
deckte ich Dich zu,
um Dich
zu wärmen –
ich hatte nichts
als mich selbst...

3. 4. 1977

Liebe

Liebe –
aus dem Nichts geboren
keimst du im Wind.
Licht
aus der Tiefe des Quells –
oder Sonne,
die sich
in der Klarheit
des Wassers fängt?

Liebe –
zartes Geäst im Frühling.
Scheu
öffnen Blätter
sich dem Licht...
Spät –
in der Hitze des Sommers
werden sie kühlend
dich schützen.

Liebe –
unendliche Weite
im Hauch
der Stille!
Traum,
der über den Hügeln
schwebt...

Liebe –
Kristall
in der Nacht.
Ein Stern
bricht sich
mit unendlichem
Gefunkel!

9. 5. 1977

Herbst

Sterbender Wald...
müde
fällt ein Blatt...
Rotbrauner Teppich –
darunter modert
der Tod.
Bleich
dringt durch Dunkel
gebündelter Strahl
kalten Lichts.
Nebelstreif
im starren Geäst.
Hart
raschelt Laub.
Oder —
flüstert es...?
Erzählt mir
vom Geheimnis
der Stille,
in die
Leben
sich zurückzieht
um auszuruhen
für ein neues
Erwachen...?

6. 11. 1977

Herbstblatt

Buntes Blatt,
verzweifelt
hältst du fest
an diesem Ast,
der dich hinaustrieb
in die Flut des Lichts,
in den Regen,
den Wind,
der einst
zärtlich dich zauste.
Jetzt
greift er nach dir:

Komm!

Unbarmherzig zerren
kalt-formlose Finger.
Aber –
bevor du fällst,
zaubern alle Kräfte
in dir Farben –
ungeahnte!
Und im Sterben
wächst du
noch einmal
über dich selbst
hinaus...

6. 11. 1977

Erinnerung

Als ich
das Meer zum ersten Mal sah,
gab es nur mich
und die Weite...

Vom Kamm der Düne
flog ich,
wollte
wogende Wellen umarmen!

Doch Meer
und Lüfte sangen
ihr eigenes Lied.
Sie scherten sich
nicht um mich...

Da begann ich
zu singen –
doch der Wind
zog all meine Töne
in dünne Streifen...

Heute
gehe ich still
gegen den
Sturm —
schweigend
dort, wo die sterbende Woge
keine Linie gerade sein läßt
und versandende Gischt
eine Muschel
aus den Tiefen
des Meeres
an mein Ufer spült...

27. 11. 1977

Im Garten der Kindheit

Unter der Birke
sitze ich und lausche
dem Lied des Pirols –
mein Himmel
neigt sich herab...

Einst drang
Schmerz dieses Reises
tief in mein Fleisch,
riß mir Wunden
ins Herz.

Da
schnitt ich Kerben ins Holz —
sie sollte verbluten,
diese Birke !
Es brannte
jeder Tropfen
in meiner Wunde!
Und unaufhörlich
rann ihr Saft...

Schmerz und Zorn
rütteln am Stamm –
ihr schweigender Stolz
beschämt mich!
Erde und Moos
fand ich
und schloß ihr die Wunde.

Meine Birke und ich
wir haben
einen Bund geschlossen:
das Siegel
ist unser Blut –
und das Lied des Pirols
im Garten der Kindheit.

Nachklang:

Meine Birke hat Narben,
die man sieht.
Sie ist in den Himmel gewachsen.

Ich lausche
dem Lied
des Pirols
und dem Wind...

27. 11. 1977

Du

Auf Deine Schultern
legte ich
das Gewicht der Welt,
denn
es wurde mir
so schwer!

Dezember 1977

Quelle

Als im Sommer
der Brunnen versiegte,
fürchtete ich mich –
denn Blumen
blühten ahnungslos.

Und ich grub
mit meinen Händen
tief nach der Quelle –

Als dein Atem
mein Haar streifte
und Blut
und Erde
sich vermischten,
fand ich das Wasser.

Sterben einer Süchtigen

Als du sterben mußtest
und Schwärme grauer Vögel
über dein Gesicht huschten
und das Licht
in Dir
gegen sie den Kampf führte,
bäumte jede Faser sich auf
wie ein Tier,
nicht wissend,
wohin...

Stumme Schreie
jagten Perlen
auf die Stirn –
und die Schatten
gruben Furchen.

Bevor das Licht siegte
und Züge sich glätten,
wurden deine Augen
wie ein Quell –
Spiegel aus Tränen und Licht –

und die Nacht
schloß die Tiefe
für immer...

Frau Krischdat 1977

Blume der Sehnsucht

Blume der Sehnsucht
über Felsgestein –
im Frühjahr
bahnst du
keimend dir
Wege zum Licht:
suchen Wurzeln
Halt in den Rissen,
um über dem Grau
sich entfaltend
den Sommer zu künden!
Bevor Stürme
des Herbstes
dir Leben vernichten,
streust du Samen
weit überall hin –
damit alle Hoffnung
nie sterbe...

Stern zu Weihnacht

Nacht aus Dunkel und Licht –
nur ein Stern der Hoffnung
unbestechlich über uns –
fragt nicht
nach Jahr und nach Tag.

Nacht der Tränen
und Freude –
Zeit wird zum Augenblick,
mahnt unerbittlich.
Steine
beginnen zu schmelzen.

Nacht aus Gestern und Heute
lehrt uns neu sehen –
fragt jetzt
nach dir und nach mir!
Weist uns
den Weg hin zur Freude.

24. 12. 1977

Vaterunser — heute

Sie sagen
sie seien Herr
ihrer Welt
und sehen nicht
die Stricke
ihrer Begrenztheit!

Sie sagen,
ihr Wille geschehe
und gehen zu
auf den Abgrund,
den Willkür ihnen grub.

Sie sagen,
wir bauen
unser Reich –
und fühlen nicht
die Kälte
all der Einsamkeit.

Sie verdienen
nur ihr Brot –
sagen sie -
und sehen nicht
das Mühen
der Stummen.

Sie warten
auf *Dein* Reich –
sitzen im Dunkeln –
doch niemand
zeigt ihnen
Licht...

Stille der Nacht

Wenn die Stille
der Nacht
ihr Tuch ausbreitet,
steigen die Vögel
empor
aus meiner Tiefe
und fliegen
zu dir,
um über deinem Schlaf
zu wachen.

Was bleibt

Als du fortzogst
in die fremde Stadt,
gerann das Licht
in mir
und der Stein
wurde schwer
in meiner Hand:
das Gewicht der Jahre
bündelt Licht
zu einem Funken,
der in der Nacht
meinen Traum
erhellt.

Februar 1978

Öde Stadt im Winter

Stadt im Wintergrau –
Quadergewirr
durchschnitten
von dunklen
Schluchten,
in denen
Menschen eilen.

Dächer
in milchigem Dunst
Giebel –
und verloren
die Sonne –
erfrorene Glut
im Baumfiligran.

Erstes Ahnen

Silberperlen hängen an den Zweigen
und die grüne Rinde duftet schwer.
Es beginnt im ersten Regen
all der Schnee zu schmelzen –
und die Erde dampft.
Knospen füllen sich mit Leben.
Rehe wechseln still hier meinen Weg.
Leise lockend klingt der Vögel Lieder
und die Sehnsucht schüttelt ihr Gefieder...

Schmerz

Verzweiflung –
Adlerkreisen
lautlos
über dir.
Längst gefangen
im Blick!
Jäh
krallt sich
im Niederstoß
dein Herz.
Schmerzhaft
ein stummer Kampf...
Und während
du vergehst,
löst sich
das Nichts –
und
erhebt sich...

10. 9. 1978

Zwischen den Jahren

Zwischen den Jahren
treibt der Sturm
Wolkenberge
woher
und
wohin?

Zwischen den Jahren –
Licht und Schatten
formen die Weite.
Pappeln
wiegen
im Wind:

Meilensteine
vom Gestern und Heute –
das Bild ändert
sich nicht
zwischen
den Jahren!

31. 12. 1978

Ratlos – sprachlos?

Ich stehle Wörter!
Hebe sie auf
wie Steine
und werfe
die Bälle.
Schnitze sie
zu Pfeilen
und übe
das Zielen.

Ich stehle Wörter —
webe und wirke sie
in meinen Teppich.
Haue,
wie Eisen,
forme,
wie Ton.

Ich stehle Wörter
aus Furcht,
keine Sprache zu haben....

Weißer Schlaf

Winter
Weite in froststarrem Weiß.
Wälder zeichnen dunkel
Linien ins Grau
meines Himmels.
Und ein Krähenschwarm
krächzt im Schnee.

Weißer Schlaf über Hügeln
hört nicht den Hall.
Verloren tanzen
Kristalle
eisig nadelnd über Weite
unter der tief
Dunkel des Lebens
in Wärme verharrt.

In dieser Stille
hören Blumen nie auf,
Blüten zu treiben.
Durch weißen Schlaf
bahnt Leben sich neu
seinen Weg...
weißer Schlaf....

Februar 1979

Tod des kleinen Vogels

In dem Augenblick,
als das Leiden der Welt
und Verstehen
zwischen uns war,
hielten unsere Augen
Zwiesprache.
Ein kleines Zucken
in meiner Hand –
das war dein Ende
und mein Erkennen:
es gibt
keinen Unterschied
zwischen dem Tod
des kleinen Vogels
und dem
eines Menschen.

10. 3. 1979

Zeit der Erinnerung

Zeit der Erinnerung.
Endlos
die Weite der Nacht –
im Dunkel
kein Anfang,
kein Ziel.
Nur das Tosen
des Waldes
reißt Gedanken fort
in Unendlichkeit.

Der Sturm
trennt lichte
und dunkle Wolken,
treibt großen Regen
über das Land...

Zeit der Erinnerung –
Erlen erzittern am Fluß:
ein Sommer,
der kein Sommer ist –
Zeit der Erinnerung...

Noch einmal Du!

Einmal
berührtest Du
meine Hand
und die Liebe
lachte über uns,
in uns.
Dann
zogst Du fort
und ich
zerriß
das Band.

Aber im Traum
begegne ich Dir
wieder
und
wieder...

September 1979

?

In der Nacht
habe ich
meine Sprache
verloren.
Die Worte
sind Steine
auf meinem Weg.

In der Nacht
sehe ich
Schattengebilde
und höre
das Rauschen
der Unendlichkeit.

In der Nacht
zwischen Gestern
und dem Licht
suche ich
stolpernd den Weg –
mein Echo?

Weite des Meeres

Meine Liebe suchte
einen Ankerplatz
im Hafen –
doch ein Sturm
warf das Meer auf,
und sie drohte
zu zerschellen...

Und
sie trieb hinaus
mit den Wogen.
Brecher
überschlugen
mein Boot.
Meer über
unter mir,
aber den Himmel
in mir –
Liebe, mein Boot
so treib ich dahin
jetzt ganz in Stille
und schaue neu aus
nach dem Hafen...,
um für den Augenblick
die Weite des Meeres
zu vergessen
und den Himmel
über mir.

Dezember 1979

Reisende

Züge
fahren vorbei –
woher und wohin?
Seite an Seite
tauschen wir
Blicke
durch unsere Fenster.
Züge –

Geleise
verbinden
und trennen
unmerklich fast –
Züge irgendwohin...

im Bahnhof
findet sich
ein jeder
auf anderem Gleis...

Sein

Ich bin
zwischen Nacht und Tag.
Wenn der Mond
über den Wäldern steht
und die Sonne
noch nicht
die Hügel erhellt.
Nebelstreifen
in den Wiesen –
weißes Band!
Schweigen
vor dem Morgengrauen.
Ich bin
zwischen Nacht
und Tag.

1979

Schattengrenzen

Schattengrenzen
trennen
die Stille der Zeit
von pulsierendem Leben.

Ich werfe
das Licht des Rubins
als Anker
in unergründliches Blau!

Schattengrenzen
türmen sich auf,
und ich möchte
die Stille
überschreiten...

Stille

Stille
namenlose
die du Fragen
enthüllst
und verschlingst
mit dem Gleichmut
des ewigen Meeres.
Die du die Furcht
aufwirfst
zum Orkan.

Stille
gleißende
die du mit der Trägheit
des Mittags
die Empfindsamkeit
des Frühlings versengst.

Stille
ewige –
die du nicht standhältst
den Träumen
der Nacht.

Sieh doch

Gestern noch
fand ich
erste Schneeglöckchen
und Beeren,
rote,
die der Frost
übrig ließ
im vergehenden Winter.

Heute
überflutet Liebe
mich und vernarbende Wunden
und die Furcht
um Dich,
um mich.

Heute noch
möcht ich Dir
Schneeglöckchen
und rote Beeren
vor Dein Fenster stellen –
sieh,
sieh doch!

Möchte Furcht
Vergangenheit
sein lassen –
Dich lieben –
nur so...

Februar 1980

So ist die Welt...

Ein paar Worte
im Dunst
des Menschengesumms –
eine halbe Stunde nur
und zwei Leben
in ein paar Worten!

Verlorene Insel
eine Planke für zwei
in der Brandung –
ein Bier
oder zwei
verwischen nicht
die Schatten
vergeblicher Lieben
in Deinen Augen.

So oder so
ist die Welt –
Schatten umtanzen
und schrecken Dich.
Schatten
aus früheren Tagen
und ihr Hohngelächter
ist mein Zorn!

Bleib stehen
im Augenblick
und sieh:
so ist die Welt!
Heiter und atemlos
in ihrer Stille
in Gegensätzen verwoben –

das Große wird klein
und schau
die Größe
des Verborgenen –
so
oder so
ist die Welt...

Aufbegehren

Laßt mir die Farben,
die Formen,
die mich umgeben
in einer Vielfalt
unendlich reich!
Laßt mich
in Bildern sprechen –
in ihnen
habe ich Raum.

Laßt mir
die zeitlose Stille,
die Weite,
die meinen Namen
nicht nennt.

Laßt doch die Uhren!
Meine Zeit
kennt weder Stunde
noch Jahr.

Laßt mich gehen
den Weg,
der
sich mir zeigt!

Dein Wort?

Bald –
sagst Du –
komme ich!

Ich kann nicht
glauben einem Wort!
In meinem Leben
gab es so viele
ohne Sinn!

Mein Leib –
eine Höhle
zu verwundbar.
Zu viele Pfeile
trafen,
als mein Wollen
noch ahnungslos war.

Mein Verstand
sagt: ich will!
Meine Hände
bauen Brücken
über das Zittern
des Leibes,
während ich warte
auf Dich...

Schuld?

Du bist schuldig.
Die Andern
sind schuld!
Ich habe Schuld!

Immer nur strafen –
die Andern,
sich selbst
um nicht
sich freuen
zu dürfen
zu können!

Schuld?
Dem Leben
die Wärme nehmen,
damit es nicht
auf- und davonfliegt
vor Schuld
und vor Strafen.

Abschied von der Gruppe

Abschied
von acht kleinen Welten!
Zwei Jahre
in einem Raum...

Abschied
mit einem Strauß
von Gefühlen –
kalte und warme
gemischt.

Abschied
von gestrigen Ängsten.
Mein Zittern
verbirgt nicht
die Furcht
vor der großen Welt.

Ich bin traurig,
acht kleine Welten
zu verlassen!
Ein Faustschlag
im Leib.

19. 2. 1980

Mein Herz

Mein Herz
Mond
hinter Wolken
in unserer Nacht.
Meine Liebe
ein Stern
in Deiner Nacht.

Du zogst fort
aus unserer Nacht
in eine Nacht
der Apokalypse!
Mond und Sterne
bitte ich,
Dich zu begleiten
und frage:
Erinnerst Du Dich
ihres Glanzes
in unseren
Nächten?

13. 3. 1980

Hoffnung

Alle Lieben –
die kleinen Wege
münden in dem einen,
den ich gehe
mit Dir.
Doch Du
weißt nicht
um diesen Weg,
den Du
gehen wirst –
irgendwann,
wenn Du weißt.

17. 3. 1980

Stierkampf vor Ostern

Du hast nicht geschwiegen,
als wir nebeneinander lagen
in unseren Nächten,
schweigend
im Toben des Mistrals.
Manchmal
umarmten wir uns stumm.

Du hast nicht geschwiegen
auf dem Weg durch Weite
und Ried
an jenem Abend –
schweigend
im Konzert dieser Frösche.
Manchmal
überholte Dich Angst.

Du hast nicht geschwiegen
im Schweigen
flirrender Tümpel am Mittag,
als Wärme
die Schärfe des Windes
vergessen ließ.
Manchmal
vergaßen wir uns selbst.

Du hast geschwiegen.

Der Kampf der Stiere
ließ uns erzittern
in unserem Schweigen
und der Kälte
des Mistrals –
Symbol des schwarzen Todes
in leerem Spiel!
Manchmal
sehnte ich mich
nach Deinem Arm.

Ich habe geschwiegen
in den Nächten und Tagen,
um Dich
in der Weite der Welt
nicht zu stören
im Schweigen
der Unendlichkeit!

Camargue, 12. 4. 1980

Lebenslust

Ich möchte
den Traum
zerreißen
und mit
der Wirklichkeit
Seil hüpfen
wie ein Kind!

Die Welt
möchte ich greifen
wie den Ball –
und sie prellen
auf und nieder
auf und nieder...

Im Blau
des Himmels
möcht` ich schwimmen
wie im Meer —
schwerelos
mich
und den Körper
erleben!

27. 5. 1980

Trauer

Es ist noch nicht Zeit,
um lebend geboren zu werden.
Im Körper
flieht
mein Schrei.

Die Zeit ist nicht reif,
verwundete Steine
abzuschütteln.
In der Tiefe
lastet
ihr Gewicht.

Es ist nicht Zeit,
die Seele
in Deinen Augen
zu suchen.
Hinter den Tränen suche ich meine.

Noch ist es nicht Zeit,
in Deiner Wärme
zu sein,
solange die Sonne
nicht leuchtet
in mir.

Es ist Zeit,
Tränen und Licht
fließen zu lassen
für Blüten
aus Steinen
wachsend
an meinem Weg –
aus dem Verborgenen –
für Dich für mich.

Oktober 1981

Kehr nicht zurück

Kehr
nicht zurück
zu Erinnerungen –
Kiesel in deiner Hand –
eh nicht
die Brandung
sie schliff
und befreite
von den Algen
der Brach!

23. 12. 1981

Frühlingshafter Ausblick

Du
am Fenster
das ich malte
in mir
in jener Nacht
des langen Winters –
das ich malen wollte
heute –
jetzt
will der alte Baum
blühen –
schau
und der Flieder!

Deine Hasen
lieben Gras
und Blütenschnee!

18. 4. 1982

Traum

In den Nächten
trank das leidende Kind
sein eigenes Blut
und ich
aß weiße Kirschen.

Die Pforten
des Mühlenlokals
waren verschlossen
am späten Mittag.
Doch der Bach
fließt ungestört
unter dem Tor.

Weihnacht

Es begab sich aber zu der Zeit,
daß ein Wort geboren wurde.
Und ein jeder
zog in die Stadt,
um dort zu sehen,
was uns geschehen war.
Es waren Menschen auf der Straße
mit Bierdosen auf Stufen sitzend
und solche in beladener Eile.
Und einer sang:
„Ehre sei Gott in der Höhe
und Friede auf Erden
und den Menschen
ein Wohlgefallen..."
Er sammelte Münzen.
Und wir gingen zu dem Ort,
der noch nicht
geschlossen war,
dies Wort zu finden,
das in uns geboren war.
Wir öffneten uns
bei einem Kaffee,
und das Licht der Frage
leuchtete auf in den Augen.
Als wir uns aber gesehen hatten,
gingen wir heim
unter der Wintersonne
in die Heilige Nacht.
Ein jeder in seinen Ort.
Die Worte aber
bewegten unsere Herzen.

Stuttgart 24. 12. 1982

Herbst – Haiku

Letzte Herbstblätter –
Goldvögel in den Wipfeln
der Pappeln am Fluß.

Oktober 1982

Worte II

Worte
verlorene
Worte
geboren
im Schweigen
suchend
gefunden

Wege
gewagte
verloren
Irrwege
nie zu Ende
gegangene
wiedergefundene
Worte
auf Wegen
wohin?

18. 1. 1983

Frage nach dem Gärtner

Du hast deinen Garten
geöffnet.
Ich bin
hineingegangen
und schaue:
Es gibt so viel!
Formen
und Farben
Blüten
Blattwerk
Früchte der Form...

Hinein gegangen
auf lichten Wegen
Begrenzungen sehend
und Beete –
Beete
in Schatten
und auch Licht.

Wer ist hier Gärtner?

Gefangene Anima

Arme
zum verdunkelten Himmel
emporgereckt.
Füße
auf einer Erde
die sich in Gräbern auftut.
Hände
greifen verzweifelt zum Nichts.
Augen
sehen die Blumen.
Vorurteil
zum Gezäune geworden
trennt
vom Spiel der Kinder
in Wärme
im Licht.

26. 1. 1983

Zwei Haikus

Die Schatten der Nacht
geben den Kirschenzweig frei –
drei Knospen erblüht!

Im Regen der Nacht
erhebt der Vogel sein Lied –
welch perlender Klang.

April, Mai 1983

Behutsamkeit

Wandel
und Werden
geschieht
in der Stille –
leise,
er könnte dich hören.

Sich Finden
Verlieren
ist nicht gegeben –
leise,
du könntest ihn stören.

Wachsen zum Licht
muß erst
Schalen sprengen.
Schau nur –
aus Dunkel der Keim!

17. 9. 1983

Fremde Nähe

Wir kennen uns nicht
lachen
und sind uns nah
winken uns zu
aus der Ferne
der Nähe bedürftig.

Der Strom des Lebens
trennt
und verbindet.
Komm
laß uns
Brücken bauen!

22. 11. 1983

Ein Lächeln in deinen Augen

Wäre
das Lächeln der Augen
gestorben
gäbe es
keine Hoffnung
auf den Stern
in der Nacht.

Die Weisen
würden
den Weg
nicht finden
zum Stall.

Wäre
das Lächeln
gestorben
in deinen Augen
gäbe es
keinen Ursprung
der Hoffnung,
und Gaben
verlören
ihren Sinn.

Dezember 1983

Seit ich dich sah...

Seit ich dich sah
reihe ich
Perle um Perle
wie das Meer
mir sie schenkt.

Tag für Tag
und endlose Zeiten
treiben ans Ufer
der ziellosen Schritte.

Trauer verblaßt.

Muscheln
verschweigen
den Weg ihrer Herkunft!
...

Hoffnung erwacht.

12. 1. 1984

Mein Weg

Im Sinn
den Unsinn sehen
im Ernst
die Heiterkeit
im Licht
der Träne erst
werd` ich bereit
den Weg zu gehen
in Dankbarkeit.

Februar 1984

Lobgesang am Meer

Lobe den Herrn
meine Seele
die gemacht ist
wie ein Meer!
DU hast ihr
die Gezeiten gegeben,
daß sie sich weite
und zurückziehe
mit dem Lauf der Gestirne.
DU wirfst Wogen auf
aus der Ruhe,
glättest Wellen
nach dem Sturm.

Tiefe hast DU
zwischen Felsen gesetzt,
Weite
in helle Strände
gezeichnet.
Ursprüngliches
und Ungeheuer
birgt der Abgrund
und die Flut
trägt Schätze
für den,
der erkennt.

DU gabst dem Meer
Gleichmut und Zorn
der gibt und verschlingt
nach Deinem Willen,
den ich nicht kenne.
DU entziehst mir die Kraft
wie dem Meer die Tropfen
und nimmst sie empor
zu Wolken,
die herniedergehen,

um das Meer
neu zu füllen!

Lobe den Herrn,
Meer!

März 1984

Meinem Sohn

Wegweiser –
verborgen in unserer Zeit
der wirren Wege.
Weise
bleiben stumm.
So sattle dein Pferd
im Glauben
und denke:
es ist das Herz,
das den Reiter ausmacht!
Zügel des Lebens
werden dich leiten.
Nun reite –
sieben mal sieben Jahre
den Weg,
der sich dir zeigt
von Kindheit
zu Kindheit
die jenseits
der weißen Berge ist.
Nun reite!

zur Konfirmation, 15. 4. 1984

Ode an die Lotosblüte

Das sehende Auge
kennt den Weg
zu den Seen
der Lotosblüte.

Eins mit dem Rücken
des Pferdes
im Zeichen der Kraft
durchquere die Weite,
deren Enden
der Bogen des Himmels
umspannt.

Wind über Wolken tragen die Flügel
der Sonne entgegen,
die aus dem Dunkel
der Tiefen
deine Blüte lockt
über den Spiegel
des Mondsees.

Juli 1984

Ich möchte

Ich möchte
der Welt
den Rücken kehren
den Weg des Windes
gehen mit Dir:
über der Weite
Wipfel beugend
Flüstern in Blättern
Wogen entlocken
dem Meer.

Ich möchte
mit Dir
in der Sonne liegen,
Kräfte messen
im Winde fliegen
im Dunkel still
dem Regen lauschen
dem Wind –
dem Wind ...
    Wind...
     ...
     .

29. 7. 1984

Wenn Du gehst...

Wenn Du gehst
schließ nicht
Dein Fenster –
der Weg ist weit!

Im Dunkel
der Nacht
leuchten Dir Sterne
oder das Licht
im Fenster
bei mir.

Geh Deinen Weg!

Am Abend
am Morgen
brennt
meine Kerze
für Dich...

17. 8. 1984

Am Morgen

Schattenbaum –
dein Auge
sieht den Mond
auch hinter den Wolken.
Schattenbaum
der
aus dem Dunst
dieses Morgennebels
Klarheit gewinnt –
Baum
der du wirst
unter Sonne
und Mond
durch die Erde —
Du wächst
dem Himmel
entgegen.

10. 8. 1984

Erinnerungen

Manchmal
denke ich
es müßte so einfach sein
Dir zu begegnen
jenseits
der Erinnerungen
von Gestern
von Morgen.

Unser Lachen
richtet sich ein
im Gebälk
des Fachwerks
wie Schwalben
Nester bauend.
Manchmal
hoffe ich
Du kommst zurück.

6. 10. 1984

Wenn es so wäre

Wenn es so wäre
daß zwei Menschen
Einer sind
würden Begegnungen
sich nur wiederholen
hinter dem Zaun.
Wir träfen uns nie!
Du stündest jenseits –
ich diesseits –
und wir schauten
Erinnerung zu
die Du nicht teilst
die Du nicht bist.
Und ich
erkenne Dich nicht.
-
Bist Du es –
Erinnerung?
-
Wer bist Du?

6. 10. 1984

Langsam nur

Langsam nur
gleitet
mein Flügelschlag
fort
von Verletzung
und Not –
dieser Ölpest
der Zeit!

Schatten
geben den Weg
nur allmählich
frei –
Öl
verklebt
mir Gefieder...

6. 10. 1984

Der Morgen

Herbstmorgen
Glasperlenspiel
vergänglich
im Kieferngezweig
an dem
sich lösender
Nebel
Tau
in Silberfäden hängt.
Umsponnen der Nadelball
golden
bricht
sich
das Licht

14. 10. 1984

Bethlehem

Geh durch die Stadt
Josef
und nimm
dein Licht,
das Jakob verlor
im Kampf mit dem Engel.
Es wird dir
zum Stern!

Menschen
öffnen sich nicht!
Verschlossenen Türen
genügt das Dunkel
das sie verbindet:
geschlossen der Raum
den du durchschreitest
die Krippe zu finden –
sie offenbart sich
im Stern.

Ich stehe am Fenster –
still
geht ein rastloses Jahr
trotz Knall
und Feuerwerk
ein in den großen Kreis,
der schweigend
sich öffnet
im Klang
vieler Glocken –
ein neues Jahr
hat unbemerkt
begonnen!

Die Welt
ersehnt Stille
und die Barmherzigkeit
des Winters:
den Schnee —
unter seinem Schutz
sich Leben
kraftvoll neu formt.

1984/85

Wege

Wege
durch Welten
mit Höhen
und Weiten
bin ich gegangen –
die meisten im Schnee.

Wege
die sich
mir öffnen
werde ich gehen –
meist in der Stille –
um Wärme zu finden –
den Weg...

13. 1. 1985

Zwiesprache mit dem Höchsten

Im Schatten
Deines Auges
errichte ich
einen Altar:
hier meine Schale,
die Du füllst
mit Früchten,
die mir zugedacht sind.

Die Erde
ist bereitet!
Mögen Früchte
über der Zeit
neue bringen:
dies
werde mein Baum!

Samenschale
im Erdenrund –
Erdschale
durchbricht der Keim!

21. 1. 1985

Grenzenloser Raum

Die Grenze
zur Welt
ist keine Mauer –
ist eine Haut!

Begrenzung
gibt Raum,
den ich habe,
der ich bin.

Mein Raum -
durchlässig
für den Atem
der Welt,

deren Weite
mich schmerzt
an der Begrenzung
in mir.

Durchschreite
den Raum,
den du hast
den du suchst,

um Türen zu öffnen
zu vergessenem
Raum –

Wärme
und Weite,
Kälte
und Schmerz
durchströmen
Grenzen
und Welten!

21. 1. 1985

Wenn die Zeit reif ist

Wenn die Zeit reif ist –
nimm
deinen Seidenfaden,
den du spannst
zwischen Gestern
und Heute
zum Regenbogen
zwischen Himmel
und Horizont.
Traumtänzerseil –
Farbenspiel
zwischen
Dunkel
und Licht.

27. 1.1985

Frage II

Wenn
deine Seele weint,
dann frage.
Frage,
wer an den Wurzeln
gräbt.
Du bist
nicht der Baum,
den man fraglos
fällt!

Dann werden Tränen
zum Lebensstrom,
der dich fortnimmt
aus dem Tal.

Du bist da
und bist nicht dort.
Und dein Atem
weitet die Flügel
bis zu den Höhen,
wo kein Axthieb
dich trifft.

10. 2. 1985

Irgendwann

Du lachst,
wie in einem Spiegel,
weinst,
wie in einem Spiegel
und das Gesicht
ist dir fremd.

Im Warten
werde zur Woge,
zu der Bewegung,
die das Glas schmilzt –
die mein Lachen
empornimmt
in den Raum
über dem Horizont.

Sonnenglanz,
heller Klang
weitet den Morgen
und Tränen
sind Tau
in schwebenden Netzen,
träge Tropfen
im Waldgeäst,
Perlen im Moos.

Irgendwann
trägt deine Woge
sie ins Meer...

März 1985

Böhmische Stickerei

Die Fülle
der Stille
in tausend
Nadelstichen
gefügt
zu Mustern
aus uralten Zeiten –
Klänge
vereint
im Eilen
der Moldau
verdichten
das Bild
von Erinnerungen
in der
die Heimat
ihre Wurzeln fand
zur Auferstehung.

Karfreitag 1985

Ostern

In schwerem Duft
verströmt die Erde
sich und formt
mit Kraft
zu scheuem Grün
und Knospen,
Knospen.
Der Tod des Winters,
neu besiegt
in Auferstehung!
Erfüllt vom Gesang
gefiederter Boten
ahnender Wind:
Erdwärme
im Sonnenglanz –
von Angesicht
zu Angesicht
ist Leben bereit
sich neu
zu entfalten.

Ostern 1985

Apokalyptisches Bild

Hast du
den Nachthimmel gesehen –
zerfetzt von den Hufen
der Apokalypse?
Immer noch
wischt aus dem Schlachtfeld
der Elemente
die regenschwarze Hand
verächtlich
über den Blütengrund.
Judas Ischariot!
Deine Mission
ist erfüllt!
Das Rechte stirbt!
Ich selbst
schlage den
blühenden Kirschbaum,
aus dem die Häscher
schon längst
das Kreuz
gezimmert haben!
Hüte das Netz
vor dem Angriff
der Sturmvögel!
In unruhigen Nächten
vergesse ich nicht
den Fels –
aus dem Schoß
der Erde geboren,
bereit,
mich
und das Kreuz
zu tragen.

15. 4. 1985

Weiße Wolke

Meine Erde
verwundet,
wirft ihren Krater auf —
das nachtschwarze Auge —
Stumpfsinnige
hüstelnd im Blick.
Du Fremdling
mit dem Wind
in den Händen –
diese Stadt
zeigt ihr Angesicht nicht!
In fünf Jahrhunderten
ist Lava erkaltet!
Du erreichst
Schlafende nicht.
Worte
weiße Vögel
entschwingen
den Saiten.
Blütentraum –
gestern erst
schnitt ich
den Pflaumenzweig! –
Perlender Tau –
seht ihr den See?
Des Feuers Geburt
spiegelt die Mitte.
Erst
wenn das Lot schweigt,
veränderst du nicht
dein Gesicht –
erkennst
diese Wolke
aus Blüten
Wort
und Musik.

Für zwei Musiker in Esslingen   19. 4. 1985

An deiner Wachheit erst

An deiner Wachheit erst
zerbricht mein Traum –
dieser Schleier der Nacht
auf meinen Schultern –
dieser seidene Schal,
gewebt
aus dem Blei
vergangener Zeiten.
Urzeitenhauch
in unseliger Zeit –
dein Blick
in Kindesrosenranken,
in dem der Frühling
sich mit Schwefelwolken paart –
deine Hände,
noch feucht
von blutrotem Tau
zerträumter Nächte.
Und ich weite die Schwingen
silbern
ins endlose Blau
deiner Worte.
Und sieh –
die Rose
erblüht.

25. 4. 1985

Kreuzwege

Diese Wege
endloser Kreuzigungen!
Zerfetzte Rosen
auf diesen Wegen
ewiger Jasager,
Neinsager
mit der Furcht
in dem Nacken,
in den Händen –
diese Furcht
vor dem Splittern der Zeit –
diese Zeit –
vielfach gemordet,
dornenumkränzt.
Diesen Weg
bin ich gegangen,
gehe ich nicht!

Jenes Nie –
Wachstum und Wandlung
verweigernd –
Nägel im Fleisch
deiner Kreuzigungen,
meiner Niederlagen
mit den Tränen,
vor Urzeiten
gefroren
in den Höhlen
deiner Körper.

Diese Fluchten
geträumter Vergangenheit.
Die Würfel
hatten sie längst geworfen
um mein Kleid,
vor jenen Niederlagen
und bevor
ihr Auge mich sah!

Nein –
ihre Wege
gehe ich nicht!

9. 5. 1985

Atemlied

Wie der Wind die Woge
aus dem Meer der Ruhe hebt,
kommt der Odem,
geht der Odem.

Wie das Licht der Sonne
Blüten neues Leben schenkt,
gibt der Odem,
geht der Odem.

Wie der Halm der Ähren
schwingend sich zur Erde neigt,
sinkt der Odem,
geht der Odem.

Wie der Bach in Wiesen
raunend seine Wege bahnt,
fließt der Odem,
geht der Odem.

Wie im Baum am Bache
Leis` der Wind den Sommer kühlt,
weht der Odem,
geht der Odem.

Wie des Vogels Lieder
Stille in dem Wald durchdringt,
klingt der Odem,
geht der Odem

Von der Berge Höhen
gleitet Wind ins weite Tal,
füllt mit Odem,
geht mit Odem

zu den Wolken
wie ein Vogel
Schwingen weitend
übers Meer...

30. 5. 1985

Frage an den Menschen

Wer
bist du
der die Rose brach
am Weg
im Englischen Garten? –
Gebrochen
der Schale Klang,
die auf dem Wasser
meine Blüte trägt.
Bronzebrunnen
erfüllt
von der Zerbrechlichkeit
meines Traums –
Rosentraum
noch umhüllt
Staubstrahlen, unzählige
noch die Sonne verwahrend.
Schweigend
fällt Blatt um Blatt
in schwimmenden Kreisen –
gibt jene Knospe frei,
die niemand sah.

12. 6. 1985

Meer

Dieses Meer
läßt deine Unruhe zu –
Schaumkronen,
Tanz
in perlendem Spiel
über Wogen
aus der Tiefe geboren
in mir
jenseits
von Erde
und Mond.
Augenblick
im Pulsschlag
meiner Bewegung –
lebendiges Spiel
im Glanz des Perlmutts,
der längst
die Verletzung umschloß
und deine Gezeiten.
Dein Schatten
treibt Wurzeln
in meinen Händen
und gibt den Urbaum
der Muschel
zurück.

7. 7. 1985

Bitte

Dieser Morgen
ist noch unberührt
in seiner Stille.
Ich gehe
meinen Weg
und spüre den Atem
der Bäume
im Dunst
des Waldes,
der noch feucht ist
vom Tau der Nacht.
Bewahre diese Stille,
den Tag, Herr
und das Erwachen
meiner Liebe,
die noch nichts weiß
von der verborgenen Glut.
Gib meinen Händen
Segen
an diesem Tag,
den Wurzeln Nahrung
und der Glut
Geduld
bis zu der Stunde,
die Du
dem Feuer bestimmst.

9. 7. 1985

Mein Wolkenpferd

Gib dem Pferd
Silberflügel
und einen Feuerschweif
das dahinfliegt
vor deinem Morgen –
unter den Hufen
den goldenen Ball.
Erdkugel –
der Aufschlag im Fels
bringt Quellen
zum Sprechen,
Licht aus Kristall.
Funkenflug
der Vergangenheit
kühlt sein Wind.
Zwischen Wolken
zerknittert der Mond
unseres Nachthimmels,
der sich zögernd
zur Scheibe
entfaltet.
Mein Wolkenpferd
hat auch ihn
mit den Hufen
berührt.

29. 7. 1985

Äolsharfe ferner Zeit

Wenn der Wind
die Melodie
singt
über dem Schweigen
dieser Weite,
diesem unbebauten Land
in meiner Einsamkeit,
erklingen
Stacheldraht
und Halm.
Dein Körper –
zwei Saiten gespannt
erinnern mich:
Hinter den Wolken
verlor sich
die Melodie.
Meine Hand
malt Erinnerung
in Stein.
Landschaft
auf deiner Stirn.
Wind, Weite
und Wolken
machen sich auf –
und ich folge
dem Ton
in meinem Körper.

30. 7. 1985

Im Schatten deiner Augen

Mein Weg
führt durch den Schatten
in deinen Augen.

Dunkel
breitest du aus
wie einen Mantel,
der mich umhüllt.
Ich trete heraus
aus dem Unterholz
meiner Niederungen,
in denen ich war,
wie das verwundete Reh.

Kreis um Kreis
durchschreitet
mein Weg
Lichtjahre –
Ringe im Holz.

Mein Weg
führt durch diesen Schatten
in deinen Augen
zu Höhen,
wo ich dir begegnen werde –
irgendwann.

Meine Stirn
hält stand
der kristallklaren Weite,
die meinen Fragen
Antwort gibt
mit anderer Wucht.

Mein Gesicht –
Zerrbild im Gießbach
schmelzender Träume –
verlor sich nicht
im Schatten
deiner Augen.

Und ich trete
aus dem Dunkel
ins Licht
um dir
zu begegnen.

August 1985

In diesem Sommer

Das Salz der Erde
hat die Sonne
meinem Körper
entlockt –
Brand,
der über wunde
Steppen geht.
Salz,
das Feuer schlägt
in den Felsspalten
meiner Zeit,
in den Rissen
der Dunkelheiten.
Feuer,
gefaßt in meiner
Mondschale –
zerbrechlich
in dieser Nacht!
Orion
ist schon gegürtet
auf dem Weg
zu den blauen Nächten,
in denen
die Welt schweigt.

14. 9. 1985

Stille lichte Zeit

Nein
Josef bekannte sich nicht! ...
Als die Zeit reif war...
Als die Zeit reif war —
allein
in der Stille
dieser Nacht.
In Städten
scharen sich Menschen -
kaufen.
Außerhalb
Herbergen ohne Wirt -
von Institutionen
gepachtet.
Die Ställe sind leer -
wegen Wirtschaftlichkeit.
Krippen
gibt es
schon lange nicht mehr.
Dafür das Tuch
aus der Dritten Welt.
Wo ist Josef?
Wo
diese dritte Welt?
Mein Schutz:
eine Hütte im Wald -
aus Zweigen
und Farn.
Regen
in geweihter Nacht -
dieser Nacht.
Stille lichte Zeit

1985

Frost

Kristallicht
gesäumt
an diesem Morgen
zerfallende Schollen
im Frost
schwarzerdig
aufgebrochen
Erdwoge
vergeht
nur allmählich –
endlose Linie
Horizont.

25. 2. 1986

Hoffnungslicht

Du
der du auferstehst
aus Trümmern
endloser Vergangenheiten
der du bist
trotz Geschichte
die zerfällt
im Jetzt –
sich im Sterben
erneuernd.
Dunkel
ungezählter Nachtzeiten
durchtönend,
von Gezeiten der Tiefe
bewegt.
Licht –
am Ende des Weges
sehe ich Dich!

Mai 1986

Vielleicht

Vielleicht
kommt alles ganz anders –
wie Blätter
weh'n wir im Wind.
Wie maßlos wird der Gedanke,
den du
vielleicht trugst als Kind?
Einzig
zu sein ist zu wenig –
ein Same
trägt hundertfach Frucht!
Wahr sein
aus Zwang ist nicht nötig –
die Gnade
erntet aus Fluch.

21. 10. 1986

Abschied

Vergiß all die Worte
die ich nie sagte,
nie schrieb –
die sich verdichten
in den Gezeiten des Körpers
zu Jahresringen –
sichtbar in meiner Geschichte.
Vergiß die Augenblicke
und mein Herz,
das mehr als siebzig schlägt.
Wer
hat je deines verwahrt?

Wenn du
hinter den Lidern verborgen bleibst,
bist du bei dir und bei mir.
Manchmal öffne ich Fenster
und spiele mit Licht —
vergiß,
was über mir liegt.
In deinen Augen
war Sonne nie sichtbar!

Vergiß alle Nächte!
Die Farben
haben ihr Leuchten verloren,
denn die Gezeiten steh'n hoch:
einmal nur
ließ ich die Taube frei und vergaß...
Atem der Hände
gibt deinen Raum.

Vergiß.
Vergiß auch,
daß sie dich dreimal erwischten
an fremden Feuern.
Sie wies ihm die Tür –

Wege.
Deine Irrwege vergiß.
Lange bevor er Wurzeln schlug,
trug der Ölbaum Früchte.
Du erstarrst –
Urgestein.
Treibholz dieser Gezeiten:
wir
gesammelt vor Dem,
der jenseits
des Flusses haust.
Sieh dort
den wärmenden Schein!

24. 10. 1996

Herausgenommen

Herausgenommen
aus des Lebens
altgewohntem Gang,
bin ich seit jenem Mahl,
das wir vor dem Portal
der Kathedrale nahmen –
nein, früher schon....
Einsam
bliebst du, bleib ich.
Du gingst zurück...

Seit es dich gibt,
wachs` ich
um deinetwillen
hin zu mir selbst
um meinetwillen
jenseits von Wille
und Vernunft.

Behüten
wollte ich dich nie.
Ich kannte längst
der Wurzeln
feines Sehnen
zur Quelle hin
und wachse
stetig tastend
und mich dehnend
zu immer neuen
Tiefen hin.

20. 11. 1988

Pontius Pilatus

Im Glanze seiner Macht
sah er nicht,
daß er selbst
die Kreuzigung vollzog.
Wo blieb der Mensch?

Im Himmel wird er nicht geboren.
Die Erde hat ihn längst verloren.
Wir gehen durch ein Niemandsland.
Man ruft die Geister,
läßt die Wälder sterben.
Ideen sind die Meister –
sie führen ins Verderben.

Gott ist im Sein erschienen,
dem Seienden zu dienen –
ist dienend da,
ein Mensch.
Es wird in mir geboren
was Golgatha verloren
im ewigen
ICH bin.

22. 11. 1988

Geführtes Zeichnen

Anfang und Ende
im Zeichen der Ewigkeit –
ewige Kreise
formend
im Aufgang
im Niedergehn
Welten durchschreitend.

Wer weiß um die Hand
die mich führt?

Leere –
ein Blatt –
Linien
im Menschsein gezogen
bestimmen mein Bild!
Fülle der Schöpfung –
ER
gab mir Farben
und Form!

zum 80. Geburtstag von
Maria Hippius Gräfin Dürckheim
10. 1. 1989

Ewiger Wandel

Was wäre
wenn ich dich liebte?

Aus dem Dunkel bricht der Keim.
Aus ewigem Geheimnis
wächst ein neuer Schein.
Schweigen lockt das Grüne,
Klang erfüllt mein Herz,
dem ich ahnend lausche,
auch im Schmerz.

Was wäre,
wenn ich dich liebte?

Laß den alten Schmerz
nur wie Samenhüllen
ganz im Grund vergehn.
Nach dem Höh'ren Willen
muß es so gescheh'n,
daß es Nahrung gebe
für das neue Werden –
all dein Lichtes liebt!

Du
sei Mensch auf Erden.

24. 5. 1989

Leuchter

Aus jenem Wurzelstock
treib Wurzeln
und erhebe dich
Stufe um Stufe.
Quer
steht die Achse des Lebens
die dich treibt!
In der Kreuzung
von Raum und Zeit
liegt Schmerz –
dich ausformend.
Kristall
aus der Nacht –
Mensch-werdung.
Aus Eisen geschmiedet
trage die Krone
des Lichts
und bringe sie
Stufe um Stufe
um Stufe zum Tempel
des Ewigen
Einen –
zu Gott.

Weihnachten 1989

Sternennebel

Sternennebel
untergegangen
in den Wogen der Zeit.

Asche und Feuer
erloschen –

Sternenglanz
noch nicht wiedergeboren
in diese Zeit!

Atmender Raum

Dort, wo
der Meteorit aufschlug
ist die Pforte zum Licht
und zu Urströmen
atmender Wasser
die nähren –

Das Wissen unserer Tage
ist wie die Brandung –
sie kommt
und geht
kommt
und geht

Perlen
spült sie längst nicht mehr
ans Land...

Wenn du still wirst
ganz stille
spiegelt Sternenlicht
in der Tiefe deines Stroms.
Schau in des Brunnens
Unergründlichkeit
und du wirst inne:
ein atmender Quell.

Berlin 21. 6. 1991

In einer Nacht — trotz aller Kriege

Gekleidet in des Leibes Hülle
irrt meine Seele nicht
und ruht
an den Gewässern
an der Quelle –

Ich sitze an des Brunnens Tiefe
in dem der Mond sich silbern zeigt.
Es ist, als ob die Linde riefe,
die ihre Kron` auf morschem Stamm
neu ausgezweigt –
die Seele lauscht
zu neuen ungeahnten Räumen
und meine Linde sinnt
das greise Antlitz mild umgrünt
und scheint zu träumen
von Menschenseelen
die sich einen.

Wir sind Sein Geist
und mit der Erde Fülle
geeint in Zeiten
zeigt sich
stets Sein Wille
neu...

10. 7. 1992

Für die Mutter

Abschiede sind wie Lilien im Wind –
nur der Duft sagt,
wo wir sind...

Jahre vergingen auf unseren Wegen.
Nun gehst du fort –
gehst fort aus der Welt...

Schwere und Süße
durchduftet die Pfade,
wo wir uns trennten
im Ringen um Raum.

Schwebend das Dunkel
gleich Tränen
bereit zu befruchten
erinnert an Lilien
die welken
vergehen
im Wind
fruchten –

Neu werdend
erinnern sie stolz auch:
Wir sind!

Abschiede sind
wie Lilien im Wind –
nur ihr Duft sagt,
wo wir sind...

14. August 1993

Fragment

Lang war die Nacht
der Weg war schwer,
von Unheil jeder Tritt bewacht.
Josef blieb blind
und fern dem Sorgen –
ihn kümmert nicht
Frau und nicht Kind.

Der Weg war schwer
und fern des Tages Glanz.

Verhall des Hirten Fluch!

Im Nebel wirkt die Welt
ganz leer
und keiner sieht
der Sterne Tanz.

Manch fernes Licht
wirft grüne Kreise
und Gelb ins graue Einerlei.
Maria geht und hört
ganz leise
den Ruf der Nacht...

Das Dunkel ist!

Es nahm sie einst gefangen
verbarg das Licht
umhüllte sie mit Bangen
und ließ es nicht erblüh'n.

Der Engel kam!

Es ist das Dunkel jetzt
in dem das Licht
von innen her
entgegenwartet...

Weihnachten 1993

Gruß an den Widersacher

Die Gnade Gottes hat mich stets geleitet
und du hast mich sehr handfest oft begleitet!
Du hast zerstört, was hart den Weg verbaute
und schufst so Öffnung, daß ich schaute,
wie des Kometen Schweif den Weg berührt.
(Sein Licht ward dunkel in der Zeiten Wirren!)

Ohn` Gnade, ohne einen Stern
muß sich der Mensch verirren!

Es ist die inn`re Stimme, die mich führte.
Ein Wogen, Weben war die Hülle,
aus der ich Schutz bekam und Fülle.

Dein dunkler Zugriff schien vernichtend
meinem Leben.
Doch Seine Engel haben immer Schutz gegeben –
von rechts, von links –
sie kamen mir entgegen,
um im Verbund den Rückhalt mir zu geben.
Du schrecktest nicht zurück,
das Liebste mir zu nehmen.
Jedoch:
Aus Trauer wurde Glück
und Einsamkeit
und Leben.

Dies schafft den Quell, Erfahrenes zu geben!

Weihnachten 1995

Lebensgang

Und weil ich die Wege ging,
formte das Land meinen Leib...

Mannigfaltig aufgefächert
eingerollt und ausgebreitet
im Gewebe der Zeit
Kreuzungen
in denen Leben Geheimnisse birgt.

Kreuzungen, die der Bruder
die Schwester vollzog,
später der Mann und das Weib.
Aus Zwei ward ich EINS.
Verflechtungen
die wir nicht Kreuzungen nennen
bergen den Ort
als ein gehütet Geheimnis.
Empfangend im Kreis
formt sich
das Wort.

Alles was Odem hat
trägt Seinen Namen –
lebt – noch umhüllt –
dunkel im Ahnen.
Irdisches Leben
formt sich
im Klang.

Berührung durchkreuzt mich
und läßt mich erzittern!
Ich sah die Gesichter
geprägt von Gewittern
im Rhythmus der Zeit.
Gehe die Wege
und werde
Gesang!

Berührung wird lichter!
Himmel und Erden
werden zu DREI –
formend im Werden
begegnet die ZWEI.
Getragen vom Atem
im Aufrecht gelichtet,
durchdringen sich beide.

Im Waag'recht vernichtet
sich selber der Schein.

Ich schaue nach rechts
schaue nach links, zurück
was vor mir sich weitet,
bis das mich ergreift
was dann sich ereignet –
es führt mich
zum Sein.

Gib dich dem Leben hin –
Echo der Ferne.
Zukunft erfüllt sich
im Glanz vieler
Sterne!

für Michael Frickel 6. 3. 1996

Herbstfarn

Vorüber
die aufnehmend gebende Zeit
feuchtsatten Grüns in weitem Gefieder –

wirr
rollt sich noch einmal das Blatt.
Herbstgold mit Kupfer gepaart,
gibt sich der Erde
und Glanz wird
ganz Rost.

18. 8. 1996

Gebet

Gib meiner Liebe Raum
und Wände, die sie bergen.
In allen unsren Werken
laß uns zusammen schau`n.
Laß Licht durch unser Tun
in dunkle Welten scheinen
und laß uns niemals ruh'n,
Getrenntes neu zu einen!

An einem Morgen wie diesem...

Zum ersten Atemzug
komm ich zurück,
dem Ursprung meiner Sprache –
dem Lächeln,
Lallen,
suchendem Stammeln –
Laut
der mir
Ausdruck
verleiht.

Kennst du die Stille des Morgens?
Bevor des Vogels Lied erklingt?
Hörst du den Klang
in diesem Morgen
der Welt
nach Stille
und Schweigen?

Auch ich bin hörbar!

Kehre zurück
zu den Ursprüngen
deiner Sprache,
daß du sie neu ergreifst wie jener,
der sein Instrument nimmt
und es einstimmt
an diesem Tag – *seinem* Tag!
Mein Tag jetzt...

Ein-Klang im Atem
des Alls.

19. 1. 1997

Unserer Tanzlehrerin

Du tanztest mit uns
in lebendigen Kreisen
zum Reigen der Völker
durch ein ganzes Jahr!

Wir kamen von weit
und mußten reisen
von Norden, von Süd
auch von West her
und Nah.

Du schufst uns die Mitte –
wir folgten der Bitte,
standen schweigend ganz dicht
um Blüten und Licht.

Mit unserem Schritte
verband sich die Mitte
zu spiraligem Kreisen
und neuen Reisen.

Wir folgten dem Herzen
mit Tränen, mit Schmerzen
und stolpernden Füßen
(nach dem Begrüßen!) –
im tanzenden Akt –
oft ringend, dem Takt.

Wir fanden uns wieder
nach Auf und auch Nieder
in spiraliger Wende
und konnten am Ende
lächelnd ein Gegenüber erschaun.

Das Jahr ist zu Ende.
Wir tanzen die Wende
in ewigem Reigen –
Musik kann uns zeigen
in bewegendem Gang,
wie Leid sich stets wendet
in Liebe, Gesang.

Dank dir von Herzen!
Wir verzeih'n dir die Schmerzen
all unsrer Füße
und schenken dir Grüße
mit Himmelsblau
und Sonnentau
und Spiegelglanz
zum Tanz!

26. 10. 1997

Meinem Arzt

In dieser Nacht
sind alle Farben
des Sommers
erstorben –
Weiß deckt das Land...

Glühe, Asche
verglühe in meinem Herzen
alle Vergangenheiten,
die schmerzten!

Grün leuchtet dies Land –
golden der Ort
im Fluchtpunkt aller Zeiten,
der nun Zentrum wird.

In dieser Nacht
sind die Farben
des Sommers erstorben...

Im Widerschein
ewigen Seins
vergeht die Welt –
durchglüht
in meinem Herzen.

Auch Du...

All die Zweifel
Zwiespältigkeiten
fügen sich ein
im Gebälk des Gehirns
zum Schlußstein
eines Gedankens.

Bin ICH
Gottes Gedanke?

Auf strebt
letzter Glanz
allen Scheins,
berührt
von ganz anderen Welten.

Asche, zerglühe
in meinem Herzen!
Diese Tage
sind nicht meine Zeit!
Ich lebe im Atem
der niemals mehr
atemlos wird!

Leben – so atmest
Du dich:
wer sich am Blühen freut,
lebt nicht im Schmerz.

Asche vergehe
zu fruchtbarem Werden!
Ewige Farben
berühr'n diese Erden,
durchweh'n meine Zeit.

Ich bin bereit.

SEIN Hauch entzünde
aus frostkalten Erden
zärtliches Glühen
und wärmendes Blühen
in liebendem SEIN.

An diesem Tage
fühle ich wieder –
höre die Lieder –
Licht deckt das Land...

21. 10. 1997

Regenbogen

Und Menschen sterben auf den Straßen...
das Licht stirbt nicht —
es setzt sich frei.

Wo Regen strömt in allen Gassen
und Sonne ihr Dagegen setzt,
zerteilt das Dunkle sich in Farben
und bildet diesen Himmelsbogen
aus Licht und Glanz in einem Spiel,
das Menschen nur „ein Spektrum" nennen.

Mir scheint das sichtbar tragend Tor
zu großen, weiten andren Welten.
Das Auge schaut, begreift...
die Seele steigt empor,
um auf dem Regenbogen
die hohe und die tiefe Welt
zu übersteigen.

März 1998

In meinem Leben

In meinem Leben
weben die Götter
aus Taten den Segen!
Wege –
gegeben –
sind nicht nur eben!
Doch über mein Streben
legt sich das Beben
Eousischer Schwingen.
Möge mein Geben
nicht Leben zerstören
noch Herzen betören.
Zorn und Erregung –
gebt heil'ge Belebung!

Oh mög's mir gelingen
an mühsamen Stegen
die Seele zu heben!
Mög` aus dem Sehnen
nicht nur Vergehen –
auch Neues entstehen!
Licht –
komm entgegen –
mir Mensch sei's gegeben
das Ew'ge zu leben –
der Menschheit zum Segen!

6. 12. 1999

Requiem für 40 000

Wir morden die Seele in vielfacher Weise –
hören kein Echo aus stern-lichtem Raum.
Aus Dunkel wird nahen das Neue sehr leise –
doch 40 000 hören dies kaum...

Vom Tode bedroht und vom Wahn-Sinn umschlossen,
greift ihre Seele Herodes noch heut`!
Und wir?
Wir fühlen uns da nicht betroffen??
Und 40 000 warten gebeugt...

Wir sperren die Welt in Konstrukte, Gedanken,
verzerren die Botschaft des Lebens mit Macht!
Und 40 000 hungern und kranken
ohn` jede Hoffnung im Banne der Acht!

Wie einst ganze Dörfer in Scheunen gebracht,
erwarten sie frierend die Heilige Nacht,
in die einst
der heilsame Geistkeim erschien.
Die 40 000 – erwarten sie IHN?

Wo bin nun ich, der die Botschaften hört?
Bin ich Ächter, wie jene – und weiß es nur nicht?
Bin ich Schächer und Mörder in einer Gestalt
und plane betört und mit lachend Gesicht
den Triumph der Gewalt – und das merke ich nicht?
Kann ich weinen – und hoffen?
Bin ich erschüttert, im Tiefsten betroffen?
Um 40 000 wissen wir nicht??

Im empfindenden Sein bin ich Einer von IHNEN,
weiß um das Licht –
will dem Leben nur dienen.
Oh Ihr 40 000 – im stummen Schrei'n!

12. 12. 1999, Tschetschenien, Ultimatum für Grozny

Wandlung

Der strengen Grenzen Band
durchwebt Dein Leben –
umwindet Dich und mich
mit endlos leichter Hand.
Es führt den Blick hinnieden
zu Manchem, was uns unbekannt.

Die Welt ist spielend Schein –
und Schwebendes.
Und Lebendes
ist Webendes
und Gebendes
und wirkt so fein!

Du Wollender bist Träumender.
Die Welt ist Dein?? –
Sie ist ein Dichtendes
uns ständig Lichtendes! –
Und wenn Gewichtendes
nicht leuchtet ein?

Wenn Ich und Du im Schauen
gar lichte Brücken bauen,
kann sich der Himmel blauen
zu endenlosen Weiten!
Wir überschreiten
der strengen Grenze
Band.

Bald als Erkennender,
auch als Benennender
gestaltest Du mit sichrer Hand.
Aus starrem Stein und Bein,
aus dem Verdichteten
erwächst der neue Keim –
wird zu Durchlichtetem.
Der Leib
wird SEIN!

Meinem Arzt zum 18. Juni 2000

Weltenbaum

Fort, fort entfliehen
will der Flügelschlag!
Unmerklich fast
schlägt dir die Blindheit
eine neue Wunde!
Still weinst du, Weltenbaum,
Quelltränen aus dem Grunde.

O tiefe, unergründlich hohe Nacht,
die du das ferne Werden blau verbirgst,
nimm meine Seele auf,
die mir entschweben will
aus Herzens Erden.
Du Weltenbaum,
von Hoffnungsreben
fest umwunden,
der Trauer Last
beschwert nun deiner Weite Bergen,
denn wiederum ward Liebesleuchten
nicht erkannt und nicht gefunden!
Tief neigt dein Ast!

Auf auf entströmen
all des Lichtes Farben
ins Unermeßliche.
Auch, wenn du weinst
und deine Zweige darben:
vielleicht bist du es,
der aus deiner Wurzel Saft
die Sonne wandelnd nährt
in ihrer Kraft?

Bist du es,
der den Seelen Wärme gibt —
unmerklich fast -
ins zündend Unvergeßliche?

Du große Göttin,
die die Welt umspannt,
schütz diesen Baum in Mantelhülle!
Tauch tief mein Herz
in seiner Liebe Grund.
Gib allen Quellen neue Zeiten
und mach die Seelenflügel bunt!
Heil du die Blindheit und gib Fülle!

11.1.2001

Dieser Tag

Zwei Dinge sprech` ich aus:
das eine ist die Frag`,
das andre ist mein Haus.

Die Welt bringt leeres Wort –
ich aber fühl` den Sinn,
er klingt im Herzen fort.

Was leer und tönern schallt,
verwandelt sich in mir
zum Klang durch die Gestalt.

Und das, was faßbar wird,
ist ewig Nichts und Geist
aus dem sich's neu gebiert.

Was gestern wirkend war,
ist heute unbekannt –
stellt sich als fremd mir dar.

So wird die Welt zur Frag` –
doch nah ist ferne Zeit!
Mein Haus sei *dieser* Tag!

1. 2. 2002

Inhalt

Frage 9
Melancholie des Augenblicks 10
Seelenvogel 11
Aufbruch 12
Herbstweg 14
Regen 15
Deine Lampe 16
Früher Morgen 17
Worte I 18
Wo ist Glück? 19
In jener Nacht 21
Liebe 23
Herbst 24
Herbstblatt 25
Erinnerung 26
Im Garten der Kindheit 27
Du 29
Quelle 30
Sterben einer Süchtigen 31
Blume der Sehnsucht 32
Stern zu Weihnacht 33
Vaterunser — heute 34
Stille der Nacht 35
Was bleibt 36
Öde Stadt im Winter 37
Erstes Ahnen 38
Schmerz 39
Zwischen den Jahren 40
Ratlos – sprachlos? 41
Weißer Schlaf 42
Tod des kleinen Vogels 43
Zeit der Erinnerung 44
Noch einmal Du! 45

?	46
Weite des Meeres	47
Reisende	48
Sein	49
Schattengrenzen	50
Stille	51
Sieh doch	52
So ist die Welt	53
Aufbegehren	55
Dein Wort?	56
Schuld?	58
Abschied von der Gruppe	59
Mein Herz	60
Hoffnung	61
Stierkampf vor Ostern	63
Lebenslust	65
Trauer	66
Kehr nicht zurück	67
Frühlingshafter Ausblick	68
Traum	69
Weihnacht	70
Herbst – Haiku	71
Worte II	72
Frage nach dem Gärtner	73
Gefangene Anima	74
Zwei Haikus	75
Behutsamkeit	76
Fremde Nähe	77
Ein Lächeln in deinen Augen	78
Seit ich dich sah	79
Mein Weg	80
Lobgesang am Meer	81
Meinem Sohn	83
Ode an die Lotosblüte	84
Ich möchte	85

Wenn Du gehst	86
Am Morgen	87
Erinnerungen	88
Wenn es so wäre	89
Langsam nur	90
Der Morgen	91
Bethlehem	92
Wege	94
Zwiesprache mit dem Höchsten	95
Grenzenloser Raum	96
Wenn die Zeit reif ist	99
Frage II	100
Irgendwann	101
Böhmische Stickerei	102
Ostern	103
Apokalyptisches Bild	104
Weiße Wolke	105
An deiner Wachheit erst	106
Kreuzwege	107
Atemlied	109
Frage an den Menschen	111
Meer	112
Bitte	113
Mein Wolkenpferd	115
Äolsharfe ferner Zeit	116
Im Schatten deiner Augen	117
In diesem Sommer	119
Stille lichte Zeit	120
Frost	121
Hoffnungslicht	122
Vielleicht	123
Abschied	124
Herausgenommen	126
Pontius Pilatus	127
Geführtes Zeichnen	128

Ewiger Wandel	129
Leuchter	130
Sternennebel	131
In einer Nacht — trotz aller Kriege	132
Für die Mutter	133
Fragment	134
Gruß an den Widersacher	135
Lebensgang	136
Herbstfarn	138
Gebet	139
An einem Morgen wie diesem…	140
Unserer Tanzlehrerin	141
Meinem Arzt	143
Regenbogen	145
In meinem Leben	146
Requiem für 40 000	147
Wandlung	148
Weltenbaum	149
Dieser Tag	151

Ein Wort von Friedrich Hölderlin
möge hier zum Abschluss stehen:

O ein Gott.
ist der Mensch
wenn er träumt,
ein Bettler
wenn er nachdenkt. —
Ist aber die Begeisterung dahin,
dann steht er da
wie ein misratener
　Sohn.